# 中華善字經

尹飞鹏◎著

蘇士澍題

河北大学出版社
HEBEI UNIVERSITY PRESS

**图书在版编目（CIP）数据**

中华善字经 / 尹飞鹏著．-- 保定 ：河北大学出版社，2017.10
ISBN 978-7-5666-1233-5

Ⅰ．①中… Ⅱ．①尹… Ⅲ．①善－品德教育－研究－中国 Ⅳ．① D648

中国版本图书馆 CIP 数据核字 (2017) 第 248837 号

中华善字经
ZHONGHUA SHANZIJING
尹飞鹏 / 著

封面题字 / 苏士澍
封面绘画 / 王彩英
封底篆刻 / 赵继成

责任编辑 / 邓一鸣
装帧设计 / 靳增刚
责任印制 / 靳云飞

出　版 / 河北大学出版社
印　制 / 保定华泰印刷有限公司
版　次 / 2017 年 10 月第 1 版
印　次 / 2020 年 7 月第 9 次
开　本 / 889mm × 1194mm　1/32
字　数 / 45 千字
印　张 / 2.25
印　数 / 44961—51960
书　号 / ISBN 978-7-5666-1233-5
定　价 / 19.80 元

# 传世之佳作 扬善之心经（代序1）

“善”作为中华文明最基本的组成元素，在传统文化中具有最重要的特质和核心价值，宣传和弘扬“善文化”是突出时代精神、构建社会主义核心价值观的客观需要。同时，善也是人性和人生态度的反映，内附于人的道德素养之中，外化于人的言行举止之上。

纵观古今，历代盛世无不是善治之为，育善扬善更是中华民族治家立业之本，传世的家训异彩纷呈，堪称经典。《颜氏家训》尽述行善立身治家之法，开家训之先河；《朱子家训》精辟地阐明了修身治家之道，也是一部家教名著，如“善欲人见，不是真善”等名句流传至今，脍炙人口。“人之初，性本善”，古之箴言诠释了善的含义，老幼皆知，给人以智慧的启迪；“积善之家，必有余庆”，影响了多少代人以积德行善作为治家理念；“勿以善小而不为，勿以恶小而为之”，启示着做人的道理。千百年来，善有传承，经久不衰，善的理念影响了一代又一代人。倡善之念，修善之为，是中华民族传统教育的核心。

善文化是人类文化的智慧结晶。善的历史可追溯到远古时期，与人类发展同行。然而其跨度之长，范围之广，不好提炼，难以表达。善的哲理光芒、经典论述大都是古人的研究成果，现在人们对善实践的多，对善的内涵研究的少，系统的理论研究成果更少，时代需要善，时代呼唤善文化的经典大作。

金秋时节，有幸品读到了著名书法家尹飞鹏先生的书稿——《中华善字经》。书稿独具匠心，取百善之意，一百句，以三字经的形式，语句流畅，层次分明，韵律和美，朗朗上口，宜咏宜吟，令人拍案叫绝。

《中华善字经》是有渊源的。“善乃吉，美之巅”出自东汉许慎《说文》：“善，吉也。”“善须建，根基坚。善须抱，不脱偏”源自《道德经》：“善建者不拔，善抱者不脱。”凡此种种，《中华善字经》引用大量的古典论述，详尽阐述了“善”的真谛。

《中华善字经》是尊重历史的。它用精练的语言宣扬了历史上“善”的光辉榜样：“华夏善，始轩辕”介绍了“善”的发祥始点；“舜帝善”“王祥善”宣扬了“二十四孝”的“孝善”；“范蠡善”“木兰善”宣扬了中华传统文化中的“义善”；孟母的教化之善、孔融的礼仪之善留传至今，影响深远；雷锋、焦裕禄的奉献之善彰显了时代精神，突出榜样的引领作用。

《中华善字经》是紧贴当代的。“为民善，天地宽”道出了激浊扬善的时代主流；“为公善，吏清廉”道出了清廉之源；“为政善，盛世现”表达了人民的心声；“弘扬善，助梦圆”突出了弘扬善文化对实现中国梦具有强大的促进作用。

“人之为善，百善而不足。”善是永绽光芒的精神底色，是不可动摇的道德支柱。“知善、行善、扬善”的使命任重而道远，但只要人人竞相参与，以身践行，源远流长的“善文化”会爆发出前所未有的正能量，让止于至善成为共同的精神追求。

飞鹏先生痴迷于善文化的研究，常常思于脑、润于心、付于行，经过多年的努力，倾心锤炼，方有此上乘佳作。

管子曰：“善人者，人亦善之。”善文化的光芒经过历史长河的洗涤，经过智慧星空的启迪，会更加夺目，更加明亮。

王立群

2017年10月

（王立群，著名文化学者，河南大学文学院教授、博士生导师、中国古代文学学科带头人，中国《史记》研究会顾问，中国《文选》学会副会长。被观众誉为“百家讲坛最佳学术主讲人”）

# 逐　善（代序2）

——读尹飞鹏《中华善字经》有感

面对尹飞鹏，很难用一句话来界定他的身份。

在家族内，他是血浓于水的核心人；在朋友中，他是豪爽仗义的热心人；在乡亲里，他是反哺故里的善心人；在书法界，他是名闻燕赵的书法家；在篆刻群，他是誉满冀南的篆刻家；在文学圈，他还是小有名气的土作家……

印象中，我与飞鹏兄的初见，于 20 世纪 80 年代末期。

那是一个晴朗的中午，我去邯郸市电台拜访同乡好友任和平。在他的办公室里，我见到一个标配的青年，瘦高的身材，茂密的黑发，炯亮的眼睛，说话高声大嗓，行走风风火火，一副青春飞扬的模样。那一天，我们相谈甚欢，无非是些艺术至上、理想无敌之类的时髦话题。澄明的阳光照映着他红彤彤的脸庞，似乎能听到热血的喧响。和平介绍说，这是同学尹飞鹏，书法家。

忽然想起，在几次书法展览中，我欣赏过他的作品，行云流水，笔墨灵动，一如眼前的他，虽略显青涩，却富有成长性，似乎无所不能。

1962年，飞鹏兄生于成安县城东部的一个村庄，三个弟弟，没有姐妹。这在那个贫寒的年代里，便是父母特殊的苦累了。好在，受父亲影响，他从小喜欢书法，初临柳楷，后习汉隶。虽然懵懵懂懂，却已蹒蹒跚跚。

初中毕业，回家务农，愁云迷雾，不辨前程。时值邯郸招待处招考服务员，他前去应试，竟然得中。这在当时，也是一个美丽的差事。只是，一个小伙子，每天铺床叠被，扫地冲厕，确有诸多尴尬。但在烦琐、枯燥和熏臭之余，他点燃梦想，固执初心，一管孤笔，临摹古韵。青灯孤影寒，瀚墨飘肉香。不仅如此，他还有了新欢——篆刻。一方印石，金戈铁马，如痴如醉，春雨杏花。正是花前月下的恋爱季节，外人不堪清冷，他却酩酊其中。

慢慢地，他开始在当地报纸频频发表书法、篆刻作品。一棵幼苗，悄然绽蕾。知识改变命运，恰逢市税务局招考打字员。他，再次得中。

大约1994年，我在报社工作，飞鹏前来造访。几年不见，他已浑厚许多，魁梧且儒雅，沉稳又精悍，宛若树木初夏时的葱茏与繁茂。

的确，这期间他历经了一次次蝶变，先是脱产到高校系统学习，取得正规文凭，而后正式到行政机关从事文字工作。飞鹏似乎对文字有着一种特殊感觉，不仅把公文搞得有声有色，还根据工作生活中的诸多感悟，创作了一系列散文和时评，多有发表，并在全国获奖。

可以说，整个20世纪90年代，是飞鹏书篆创作的探索、飞升期。他将艺术的触角延伸到一个更广领域，把汉简、楚简、章草等书体开辟为新的主战场。工作之余，夜静之时，刀笔在手，聚精会神，揣摩古人的书写之风、构字之意，从古朴浑厚中寻找线条的俊秀与灵动，在苍茫斑驳里禅悟自然与天籁的玄机。从而，将僵直化为柔美，将枯槁化为圆润，将密集化为疏朗，将刻板化为活泼。

21 世纪以来，我基本离开邯郸，在外地创业。虽然与飞鹏联系不多，却也在关注着他的讯息，似乎也在期待着什么。果然，他的艺术进入黄金季节，不仅连连得奖，还加入中国书法家协会，成为公认的书法、篆刻名家。但是，他并没有止步，而是再一次开疆拓土，凝眸于传统文化，特别是中华善文化。他先后到北京大学、南开大学、浙江大学、厦门大学等名校拜师求教，问学善道。为此，他还多次出入国家图书馆，并三次赴西安碑林研究孝经碑，探寻百善之“先”。传统文化的滋润，使他的思考更加高邃。

2014 年秋，我在邯郸参加一个学术研讨会，意外邂逅飞鹏。正值中年的他，体态壮硕，红光满面，神色坚毅，笑声朗朗。他兴致勃勃地向我介绍正在编著的《中华善字经》一书。当时，我有些惊诧和怀疑，中国善文化悠远精深，抽象宽泛，不易归纳，难以表达，于是，便委婉且真诚地流露了一种消极情绪。

不想，飞鹏并没有畏难，而是继续前进。

更让我意外的是，飞鹏兄不仅痴迷于善文化的追根溯源，还热心于亲身践行。他是有名的热心肠，朋友有难，尽力支援；父老乡亲进城看病，他主动联系医院，垫付药费；近年来，他先后资助7个贫困孩子，帮助完成大学学业；逢节假日，他常常回到村里，举办书法培训；每年春节，他都要组织市里的书法家朋友为全村义务书写对联。于是，3800余人的村庄，竟然有近千人热爱书法，被河北省书法家协会命名为全省第一批书法示范村。

外界一片和善，家庭更是美善。他的老母亲，八十有余，依然康健，逢人便说："我们这个大家庭，兄弟间从无矛盾，妯娌间情同姊妹，全凭飞鹏这个带头大哥。"

哦，是什么力量，使他如此呢？从艺术的大美，走向生命的大善。

"善"，会意字，从羊从言，本义是像羊一样说话。像羊一样说话，才不会吵架、打架，即使打架也不会伤害对方，因为羊最大的特点是犄角内弯。所以，羊是中华民族最初始的吉祥物，善是传统文化最深蕴的潜意识。任继愈在《中国哲学史》中明言：合规律发展的"欲"，就是善。而西方哲学也定义：在最广时间范围内符合最大多数人的目的，即为善。

的确，艺术之美的极致，天地人心的极致，文明发展的极致，皆为善。

因此，作为艺术家的飞鹏，敏感地、真挚地、彻底地理解了善，融入了善，拥抱了善，进而化身于善。

今年9月的一个傍晚，秋风涂金，熟果飘香，我与飞鹏、和平二兄又相聚一起。

和平兄苍然白发，已从市电台副台长任上卸职；飞鹏兄呢，亦是满头稀疏，脸颊黑黄，步履沉重。当年那个高高瘦瘦、神采飞扬的小伙子，早已褪去青春的衣衫，变成一个富态厚重的“奔六”之人了。时光的珍珠，意念的灵芝，梦想的沉浮，精神的舍利，改变着也定格着内心和身外的世界，亦如飞鹏兄的书法和篆刻，由绚烂至极复归平淡质朴，化作一纸苍茫、一方宁静。

临别之时，飞鹏拿出一卷书稿，请我审阅。原来，他精心推敲多年的《中华善字经》，即将付梓。

回到家里，燃灯细观。综览全书，内心惊叹。

全书共一百句，取百善之意，分上下两篇。上篇为理论，告诉人们“善是什么”；下篇为践行，告诉人们“如何行善”。文本上借鉴《三字经》，三字一句，结构严谨，韵律和谐，朗朗上口。在内容上，则又引经据典，条分缕析，娓娓道来，寓教于乐，不仅对中国传统善文化进行系统梳理，而且对接当今，突出现实。

善乃天地之心，无形无影，抽象玄妙，要写出它的形象性、立体性、鲜明性、深刻性、精妙性与实用性，殊为不易。而他，倾一人之力，聚数年之功，集百善之句，述千年善道，把善的筋骨，善的血肉，善的风韵，善的明眸，善的芳香，体会和提炼得如此绘声绘色，秋毫毕现，雅俗共赏，入目入心，实乃生命之作也。

如此善“经”，非常人擅自可为也。很多哲人想梳理，有思想却没有实践；好多善者想总结，有实践却亏欠理性；好多文人想概括，有理性却缺少体悟。文人做不了它，哲人做不了它，官人做不了它，商人做不了它，俗人更做不了它。只有像他这样，亦官亦民、亦雅亦俗、亦正亦野之人，才能为之。

善念善心，善举善行。知善致善，是为上善。瓜熟蒂落，方有善果。

总之，此书出自飞鹏，适得其人，舍我其谁？

白驹过隙，逝者如斯，繁华散尽，美善归一。未来三五年，飞鹏兄必将退休。但书法家的他，治印家的他，善文化学者的他，永远不会休退。

值此大著出版之际，身为老乡兼老友，我只有祝贺。祝贺大美大善，祝贺善美永恒，祝贺善义有邻，祝贺善有善报。

特为善者序！

李春雷

2017.7.19

（李春雷，著名作家、鲁迅文学奖获得者，中国报告文学学会副会长，河北省作家协会副主席）

# 【目录】

# 上篇

# 善乃性[1]，天地见。

# 善当先，开宗元。

【释义】

善是人之天性，这种天性天地可见证。把善放在首位，是做人谋事、开宗明义的先决条件。

【注释】

①《孟子·告子上》：“人性之善也，犹水之就下也。人无有不善，水无有不下。”《三字经》：“人之初，性本善。”意思是人生下来的时候，本性都是好的。

# 善为本[1]，立世间。
# 善为脉，世代传。

**【释义】**

善是做人的根本，与人为善，和谐相处，才能屹立于世间。善是中华民族传统文化的根脉，世代相传，生生不息。

**【注释】**

①本，这里指事物的根源，与末相对。“人性本善”是儒家的最基本观点。“以善为本”就是劝诫人们要以善作为人性之本，多行善，不能摒弃善良的本性。

# 善乃吉①，美之巅②。善源悯，发于怜③。

**【释义】**

善的本义是吉祥，美是善的象征，善是美的最高境界。善来源于关爱同情之心，生发于怜爱之意。

**【注释】**

①善，会意字，从羊从言。本义是“吉祥”。东汉·许慎《说文解字》：“善，吉也。”

②巅，《广韵》：“山顶也。”

③怜，爱。

# 善须建，根基坚。

# 善须抱，不脱偏。①

**【释义】**

注重自身道德修养的人，做人的根基才能牢固。始终坚持以善为念，做人的目标才不会偏离方向。

**【注释】**

①《道德经》：“善建者不拔，善抱者不脱。”建，制定合乎自身的道德规范。抱，秉持自己所认识到的道德准则。善于制定合乎自身道德规范的人，是坚决不会动摇的；善于秉持自己道德准则的人，是不会丧失自信的。

# 善者学，纳百川[1]。
# 善者思[2]，意高瞻。

【释义】

善良的人虚心好学，博采众长，善于借鉴别人的经验，吸取知识就像海纳百川。善良的人为人处事都会从善的角度去思考问题，遇事才能高瞻远瞩，正确决策。

【注释】

①晋·袁宏《三国名臣序赞》：“形器不存，方寸海纳。”唐·李周翰注：“方寸之心，如海之纳百川也，言其包含广也。”比喻包容的东西非常广泛，而且数量很大。明·方正学《赠俞子严溪喻》：“善学者，其如海乎。”

②曾子在《论语·学而》中说：“吾日三省吾身，为人谋而不忠乎？”意思是“我每天多次反省自己，替人家谋事是否不够尽心”。儒家强调通过自我反思来保持心灵的平衡。

# 善者修[1]，德彰[2]显。

# 善者行，品质端。

【释义】

善良的人注重自身修为，道德素养才能不断提高，其崇高的品德令人敬仰。善良的人常怀慈爱之心、常行善义之举，才能胸怀坦荡、品行端正。

【注释】

①修，学习、锻炼和培养。唐·韩愈《原毁》："一善易修也。"

②彰，显著。

# 善其身，达则兼。①

# 善其家，福寿全。

**【释义】**

人要洁身自好，努力提高个人修养，才能成就一番事业，造福百姓。把善作为教育子孙立身处世、持家治业的根本，家庭才能美满幸福，家人才能快乐安康。

**【注释】**

①《孟子·尽心上》："穷则独善其身，达则兼善天下。"意思是不得志的时候就要注重自己的道德修养，得志的时候就要努力让百姓都能得到好处。

善之首，孝为先。[1]

善之承，青出蓝[2]。

【释义】

“百善孝为先”，对父母长辈的孝顺和恭敬应放在首位。善在不断传承，经久不衰，一代胜于一代。

【注释】

①“百善孝为先”这一句出自清·王永彬《围炉夜话》。

②《荀子·劝学》：“青，取之于蓝，而青于蓝。”常用以比喻学生超过老师或后人胜过前人。

# 善有根[①]，枝叶繁。
# 善有果[②]，与因连。

【释义】

善像大树的根一样，根深才能枝繁叶茂。善是有果的，这种果是与善因相连的，种什么因结什么果。

【注释】

①佛学有三善根：无贪善根、无嗔善根和无痴善根。

②果，事情的结局或成效。

# 善有报[1]，应相验[2]。

# 善有恒[3]，莫等闲[4]。

**【释义】**

古人曰："积善即积福。"助人为乐，多行善举，经常帮助别人，一定会得到好的回报。行善贵在持之以恒，主动作为，不要等将来才后悔。

**【注释】**

①《名贤集》："积善有善报，积恶有恶报。"宋·李昌龄《太上感应篇》："善恶之报，如影随形。"

②佛教中因果报应，指事物的起因和结果，种什么因，结什么果。

③恒，持久。

④宋·岳飞《满江红》："莫等闲，白了少年头，空悲切。"

# 善易说，行却难。①

# 善为念②，常自勉③。

**【释义】**

天下事，不在难知，而在难行，善说起来容易，能事事以善为念并付诸行动却不容易。要把做一个正直善良的人作为人生信念，始终牢记在心上，时常勉励自己为善最乐。

**【注释】**

①知易行难，出自《尚书·商书·说命中》。原文："非知之艰，行之惟艰。"知易行难指认识事物的道理较易，实行其事较难；明白认知善的道理是一回事，是否能做到做好又是另外一回事。

②南朝·梁·萧纲《唱导文》："故一善染心，万劫不朽。百灯旷照，千里通明。"

③《庄子·天运》："此皆自勉，以役其德者也。"

# 善恶分[1]，守底线。

# 善不厌，施不倦。[2]

**【释义】**

善与恶两重天，泾渭分明，界限清晰，要时刻坚守做人的底线。积德行善永不满足，施舍救济永不厌倦。

**【注释】**

①唐·柳宗元《为裴令公举裴冕表》：“善恶不可以同道。”

②《左传·昭公十三年》：“施舍不倦，求善不厌。”

# 善是尺，量长短。

# 善是峰，要登攀。①

**【释义】**

善是一把尺子，能丈量出人间真情，也能反映出社会风尚。善是一座山峰，要努力登攀，登高望远才能领悟善的意境和价值。

**【注释】**

①《国语·周语下》：“从善如登，从恶如崩。”

# 善是旗，德行展。

# 善是仁①，爱无边。

【释义】

善是一面旗帜，能展示出时代的主旋律，彰显出高尚的品德。善是仁爱，始终怀着一颗仁爱之心去对待世间万物，才能大爱无垠。

【注释】

①仁，一种道德范畴，指人与人相互友爱、互助、同情等。

# 善为义①，亘②无限。

# 善为礼③，戾气④敛⑤。

**【释义】**

善是义，有着无限的正能量，亘古不变。善是礼仪，能够使戾气得以收敛，和顺待人。

**【注释】**

①义，公正合宜的道理或举动。

②亘，指空间和时间上延续不断，也有连绵不断伸展开去的意思。

③礼，社会生活中，由于道德观念和风俗习惯而形成的仪节。

④戾气，是暴戾之气的意思。即一种残忍，凡事要做得狠，偏向走极端的一种心理或风气。

⑤敛，为收起、收住之意。

# 善为智，明者贤①。

# 善为信②，人自安。

**【释义】**

善是一种智慧，一种精神力量，古来圣贤都因善良而使自己更加贤明。善是诚信的核心，对人守信、对事负责的人，胸怀坦荡，安然自得。

**【注释】**

①贤，指有道德，有才能。

②信，诚信。“仁、义、礼、智、信”为儒家“五常”。孔子提出“仁、义、礼”，孟子扩展为“仁、义、礼、智”，董仲舒扩展为“仁、义、礼、智、信”，后称“五常”。

# 善若金，耐火炼[1]。

# 善若木，雪中炭[2]。

**【释义】**

善像永不变色的金子，耐得住烈火的冶炼。善像燃烧的木炭，能给大雪中受寒的人带来温暖。

**【注释】**

①炼，本义指熔炼。这里指经得起考验。

②宋·范成大《大雪送炭与芥隐》：“不是雪中须送炭，聊装风景要诗来。”

善若水，泽荒原。

善若土，万物蕃[①]。

【释义】

善像清澈的泉水，能够泽润荒原，带来生机。善像孕物的沃土，滋养万物生长，繁茂不绝。

【注释】

①蕃，茂盛、繁茂或繁多。

# 善如日，明宇寰[1]。
# 善如月，影不单[2]。

【释义】

善就像光芒四射的太阳一样，能够给人间带来光明。善就像皓月一样照亮夜空，使人在夜晚不感到孤单。

【注释】

①宇寰，天下之意。

②唐·李白《月下独酌》：“举杯邀明月，对影成三人。”

# 善如星，献璀璨[1]。

# 善如辰，驱黑暗。

【释义】

善就像天上的点点繁星，相互映照，在夜空中闪耀着光芒。善就像辰光一样，能够驱走黑暗，照亮人间。

【注释】

①璀璨，形容光彩夺目。

# 善亦歌，动心弦[1]。
# 善亦曲，解忧烦。

**【释义】**

善就像悠扬的歌声一样，能够拨动人们的心弦。善就像美妙的乐曲一样，能够消除人们的忧虑和烦恼。

**【注释】**

①心弦，即心。心受感动能引起共鸣，故称心弦。

# 善亦诗，韵山岚①。

# 善亦画，绘长卷。

【释义】

善就像优美的诗句一样，陶冶情操，韵染山岚。善就像一幅唯美的画作，描绘出善行善举的历史长卷。

【注释】

①山岚，指山间的云雾。

# 善似梅，雪中艳。
# 善似兰，幽香[1]淡。

**【释义】**

善就像蜡梅一样，不畏严寒，在雪中分外鲜艳。善就像深谷幽兰一样，清香淡雅，沁人心脾。

**【注释】**

①唐·温庭筠《东郊行》：“绿渚幽香生白蘋，差差小浪吹鱼鳞。”

# 善似竹，节不弯。

# 善似菊，迎霜绽。①

**【释义】**

善就像生机勃勃的翠竹一样，高风亮节，挺拔向上，宁折不弯。善就像深秋的菊花一样，顶着秋霜，迎风绽放。

**【注释】**

①梅、兰、竹、菊，被人称为“四君子”，分别代表四种品质：傲、幽、坚、淡，是中国人感物喻志的象征，表达了文人对生命意义的感悟。

# 善是镜①，忠奸辨。
# 善是史，兴衰鉴。

**【释义】**

善如纤毫毕现的镜子，使人们能够辨别是非忠奸。善如浩瀚的史册，人们可从兴衰中吸取经验教训。

**【注释】**

①镜鉴：照镜子。汉·荀悦《申鉴·杂言上》：“君子有三鉴，世人镜鉴。前惟训，人惟贤，镜惟明……故君子惟鉴之务。若夫侧景之镜亡鉴矣。”《旧唐书·魏徵传》：“以铜为镜，可以正衣冠；以古为镜，可以知兴替；以人为镜，可以明得失。”照镜子，不论对照别人，还是对比历史，都能起到借鉴的作用。

# 下篇

# 华夏善，始轩辕①。
# 继承善，薪火延②。

**【释义】**

中华民族勤劳善良，华夏文明历史悠久，始于轩辕黄帝。善是中华民族的传统美德，千百年来代代传承，源远流长。

**【注释】**

①轩辕是中国远古时代华夏民族的共主，五帝之首，被尊称为中华“人文初祖”。史载轩辕帝因有土德之瑞，故号黄帝。黄帝在位期间，播百谷草木，大力发展生产，始制衣冠、建舟车、制音律、创医学等，得到了民众的爱戴。

②《庄子·养生主》：“指穷于为薪，火传也，不知其尽也。”原意为柴烧尽，火种仍可留传。古时候比喻形骸有尽而精神不灭，现在用来比喻学问或精神代代相传。

# 舜帝善，孝感天。①

# 范蠡善，千金散。②

**【释义】**

相传舜帝的父亲和继母曾多次想害死他，舜帝毫不记恨，仍对父母恭顺，他的孝行感动了上天。春秋时期的范蠡多行善举，三散家财施舍给需要帮助的人。

**【注释】**

①舜，传说中的远古帝王。相传舜在二十岁的时候以孝行而闻名，因为能对虐待、迫害他的父母坚守孝道，故在青年时代即为人称赞。后尧向四岳（四方诸侯之长）征询继任人选，四岳就推荐了舜。其孝行被后人编为二十四孝之首。

②范蠡，春秋时期楚国人，春秋末著名的政治家、军事家、经济学家和道家学者，他三次经商成巨富，三散家财救济穷人。世人誉之："忠以为国；智以保身；商以致富，成名天下。"

# 孟母善，居三迁。①

# 孔融善，幼知谦。②

【释义】

战国时，孟子的母亲善行教子，为使儿子有良好的学习环境，带着他择居三地。三国时代，孔融在四岁时即懂得让梨，从小就有谦让的善良品格。

【注释】

①孟子的母亲克勤克俭，含辛茹苦，坚守志节，抚育儿子，为选择良好的环境教育孩子，择居三地，既成就了孟子，更为后世树立起慈母教子的榜样。

②孔融，东汉末年文学家，“建安七子”之一。孔融四岁时候，与兄长一起吃梨，他拿了一个最小的梨吃，父亲奇怪地询问他，他回答说：“我年纪小，应该吃最小的梨。”他年幼即懂得谦让，受到大家的称赞。《三字经》中有“融四岁，能让梨”之语。

# 王祥善，求鲤鲜。①

# 木兰善，女扮男。②

【释义】

三国时的王祥为了让生病的继母吃上鲜鱼，不顾天寒地冻，卧冰求鲤，孝敬继母。南北朝的花木兰女扮男装，替父从军，英勇杀敌，成为巾帼英雄。

【注释】

①王祥，二十四孝中“卧冰求鲤”的主人公，有“孝圣”之称。相传王祥继母朱氏对他并不好，但王祥却更加恭谨。一次，朱氏想吃鲜鱼，当时天寒冰冻，王祥解开衣服，卧在冰上，忽然冰块融化，跃出两条鲤鱼，王祥拿着鲤鱼回去孝敬母亲。朱氏因此深受感动，从此像对亲生儿子那样对他。

②花木兰，中国古代巾帼英雄，忠孝节义，因代父从军击败入侵之敌而流传千古，唐代被追封为“孝烈将军”。

# 刘宰善，粥相捐。①

# 李五善，除疾患。②

**【释义】**

南宋时，刘宰家乡发生饥荒，他慷慨解囊，创办粥局，救济灾民。明代李五为治瘟疫，开仓济糖，将糖倒入井中，任患病之人自取服用，使瘟疫得到了控制。

**【注释】**

①刘宰，字平国，南宋江苏金坛人，自号“漫塘病叟”。据《宋史·刘宰传》记载，刘宰为人刚正仁厚，平生多为乡里谋福，是一个“见义必为”之士。创办了中国历史上第一个私人粥局，救济灾民。

②李五，原名李英，字俊育，明代泉州晋江凤池人，宣德年间福建著名的慈善家。李五靠生产、贩卖蔗糖致富。明正统九年浙江宁波瘟疫肆虐，百姓盛传唯有服用凤池糖才可治病，为了让无钱买糖的穷人也及时得到救治，李五当即决定为民舍糖。见需者太多，索性在当地找到一口水井，每天将糖倒入井中，任民众自取服用。不久，瘟疫得到了控制。李五舍糖的那口井被称为“李五恩公井”，直至今日，此井仍存。

# 葛繁善，躬身践。①

# 星周善，功德满。②

**【释义】**

宋代葛繁秉持善的信念，坚持每天做好事，为人所称道。清代陈文楷为救治弃婴，捐款设育婴堂，朝廷闻听后建牌坊表彰其家族。

**【注释】**

①葛繁，号鹤林居士，江苏人。官至镇江太守。坚持每天做好事，力行善事。有人请教他如何“日行一善”，他说：“比如这里有条板凳，倒了碍人走路，就弯腰把它扶正放好，即是一善。”

②陈文楷，字星周，清代慈善家。每逢年关，对孤寡无饭吃的人施以白银，人皆称之为善人。他为了拯救弃婴，斥巨资设育婴堂，救活不少婴儿。后被朝廷以“乐善好施”竖建牌坊旌表其门。

# 雷锋善，爱心献。①

# 裕禄善，公仆范。②

【释义】

中国人民解放军战士雷锋，心怀大爱，无私奉献，助人为乐的事迹广为流传，树起了时代的丰碑。兰考县委书记焦裕禄全心全意为人民服务，忘我工作，以身殉职，成为人民公仆的光辉典范。

【注释】

①雷锋生前是沈阳军区某部战士，曾做过数不清的好人好事，在一次执行任务时因公殉职。毛泽东主席题词："向雷锋同志学习"。"雷锋精神"传颂至今。

②焦裕禄生前任兰考县委书记，他心中时刻装着百姓，唯独没有自己。他"亲民爱民、艰苦奋斗、科学求实、迎难而上、无私奉献"的精神，被后人称为"焦裕禄精神"。

# 夫妻善，兴家园。

# 兄弟善，力克艰①。

**【释义】**

夫妻之间只有相亲相爱，相濡以沫，才能使家庭更加兴旺。兄弟之间只有齐心协力，同甘共苦，才能克服一切困难。

**【注释】**

①《周易·系辞上》：“二人同心，其利断金；同心之言，其臭如兰。”

# 妯娌善，情谊绵。

# 子孙善，金不换①。

【释义】

妯娌之间互敬互让、宽厚包容，才能情意绵绵。子孙善良友爱、奋发有为，是用多少金钱也换不来的。

【注释】

①金不换，即使用金子也换不来，形容极为可贵。

# 少年善，路平坦。

# 青年善，肩①重担。

**【释义】**

从小树立正确的人生观，成长之路才会平坦，少走弯路。青年人一身正气，胸怀大志，才能担负起社会的重任。

**【注释】**

①肩，担负。

# 中年善，益肝胆。

# 老年善，寿延年①。

**【释义】**

中年人心中有爱，常行善举，才能有利于成就事业和身心健康。老年人应有善待万物之心，保持平和的心态，才能延年益寿。

**【注释】**

①延年，指延长寿命。明·凌濛初《初刻拍案惊奇·卷十七》："修真炼性，吐故纳新，筑坎离以延年，煮铅汞以济物。"

# 睦邻善，三尺垣。①
# 诫子②善，大器焉。

**【释义】**

邻里之间应和睦相处，善待他人，克己处事，“六尺巷”的典故已成为彰显和睦谦让美德的见证。三国时期的诸葛亮，以家书告诫儿子静以修身，俭以养德，淡泊明志，努力成为栋梁之材。

**【注释】**

①六尺巷，位于安徽桐城西后街，全长 100 多米，宽 2 米。据载，清康熙时，大学士、礼部尚书张英府第与吴宅为邻。双方为两宅之间的隙地相争，张家人向张英告知此事，张英批诗四句：“一纸书来只为墙，让他三尺又何妨。长城万里今犹在，不见当年秦始皇。”张家得诗，让出三尺地基，吴家也效仿退让三尺。两家礼让之举亦被传为美谈。

②《诫子书》，三国时期政治家诸葛亮临终写给儿子的家书，其殷殷教诲与无限期望尽在书中，成为后世历代学子修身立志的名篇。

# 垂训善，宗规严①。
# 家风②善，气象千。

**【释义】**

垂训是治理家庭的一项重要内容，宗规是一家一族制定的行为准则，它既有时代的烙印，又有文化的结晶，历史上有很多个家训、族规，影响至今，泽被后世。家庭是社会的基本细胞，人生的第一所学校，好家风可以对几代人带来深远的影响，家庭和善才能幸福美满，人才辈出，气象万千。

**【注释】**

①包拯以公廉著称，刚直不阿，执法如山。他在晚年为子孙后代制定了一条家训："后世子孙仕宦，有犯赃滥者，不得放归本家；亡殁之后，不得葬于大茔之中。不从吾志，非吾子孙。"

②家风，又称门风，指的是家庭或家族世代相传的风尚、生活作风。《朱子家训》："家门和顺，虽饔飧不继，亦有余欢。"

# 人好善，祸其远。[1]

# 劝行善[2]，恶莫沾。

【释义】

做一个乐善好施的人，灾祸自然离你远去。要经常劝导人们心存善念，多行善事，不要沾染恶习。

【注释】

①曾子曰：“人而好善，福虽未至，祸其远矣。”

②劝善，勉励为善，鼓励学善。《韩非子·守道》：“圣王之立法也，其赏足以劝善，其威足以胜暴，其备足以必完。”《汉书·公孙弘传》：“臣闻上古尧、舜之时，不贵爵赏而民劝善。”

# 事事善，志五典①。

# 日日善，贵自然。

**【释义】**

善是人性的光芒、品质的展现，用爱心去对待每一件事、每一个人，立志达到“五典”。日行一善，旨在从日常的小事做起，做到知行合一，养成良好的习惯。

**【注释】**

①五典，古代的五种伦理道德。《尚书·舜典》：“慎徽五典，五典克从。”孔传：“五典，五常之教。父义、母慈、兄友、弟恭、子孝。”

# 做人善，立标杆[1]。
# 做工善，质免检。

**【释义】**

心地善良、公道正派的人，才能成为人们学习的榜样。用心工作的人，才能打造出高品质的产品，赢得信任和美誉。

**【注释】**

①标杆，本义指测量的用具。这里指学习的榜样。

# 耕者善，广良田①。

# 商者善，旺财源②。

**【释义】**

不辞劳苦、精心耕作的人，才能耕种好广袤的良田，五谷丰登。从商的人只有诚信经营，才能生意兴隆、财源广进。

**【注释】**

①良田，指土质肥沃的田地。

②《荀子·富国》："上得天时，下得地利，中得人和，则财货浑浑如泉源，汸汸如河海。"

# 待物善，利节俭。

# 待人善，结良缘。①

**【释义】**

只有珍惜善待万物，才能有利于养成节俭的良好习惯。与人为善、热心助人的人，才能被大家喜爱，建立起良好的人际关系。

**【注释】**

①古语云：“待人以善者，善亦所趋。”明·方孝孺：“交善人者道德成，存善心者家里宁，为善事者子孙兴。”

# 出语善，三冬暖。
# 言不善，六月寒。[1]

【释义】

说话温和体贴，就是在三九严寒，也会令人感到温暖。恶言恶语，即使是三伏酷暑，也会让人感到寒冷。

【注释】

①《增广贤文》：“良言一句三冬暖，恶语伤人六月寒。”告诉我们要学习用“爱语”结良缘。《荀子·荣辱》：“与人善言，暖于布帛；伤人之言，深于矛戟。”

# 积小善[1]，汇成潭。积大善，德如山。

【释义】

为善从小事做起，积少成多，就如涓涓细流汇成深潭一样。大的善行善举，表现出的品德像高山一样，令人仰止。

【注释】

①《荀子·劝学》：“积善成德，而神明自得，圣心备焉。”晋·陈寿《三国志·蜀书·先主传》：“莫以恶小而为之，以善小而不为。”

# 积至善[①]，恒不变。

# 积美善[②]，余庆[③]添。

【释义】

至善至美是善的最高境界，追求崇高的善是中华民族几千年来始终如一的信念。崇尚美德，行善积德，必有余庆。

【注释】

①《礼记·大学》：“大学之道，在明明德，在亲民，在止于至善。”

②《荀子·哀公》：“所谓士者，虽不能尽道术，必有率也；虽不能遍美善，必有处也。”

③《易传·文言传·坤文言》：“积善之家必有余庆，积不善之家必有余殃。”晋·陈寿《三国志·蜀书·后主传》：“善积者昌，恶积者丧。”

# 为业[1]善，人皆赞。为民善，天地宽。

【释义】

对待事业要有工匠精神，精益求精，认真负责，才会得到人们的赞誉。做一个纯朴善良、光明磊落、心存大爱的人，才能达到心底无私天地宽的境界。

【注释】

①唐·韩愈《进学解》：“业精于勤，荒于嬉；行成于思，毁于随。”

# 为公善，吏清廉。

# 为政善，盛世①现。

**【释义】**

为公者心系百姓，甘为公仆，乐于奉献，克己奉公，才能清正廉洁。施政者心系民生，惠民爱民，必将使国家更加繁荣昌盛。

**【注释】**

①盛世，本义是安定兴盛的时代。宋·王安石《送郓州知府宋谏议》：“盛世千龄合，宗工四海瞻。”

# 人心善，风度[1]翩。举国善，天下欢。

【释义】

人心向善，从善如流，才会有谦谦君子风度。举国上下政通人和，惠风和畅，百姓才能安居乐业，欢乐祥和。

【注释】

①风度，指人的言谈举止和仪态。《后汉书·窦融传论》："尝独详味此子之风度，虽经国之术无足多谈，而进退之礼良可言矣。"

# 中华善，坚如磐①。

# 弘扬善，助梦②圆。

**【释义】**

善是中华民族的传统美德，中华民族团结友爱，万众一心，众志成城，坚如磐石。践行社会主义核心价值观，弘扬善文化，将助力于早日实现中国梦。

**【注释】**

①磐，厚而大的石头。

②梦，指中国梦：实现中华民族伟大复兴，就是中华民族近代以来最伟大梦想。

附：全文

## 上篇

善乃性，天地见。
善当先，开宗元。
善为本，立世间。
善为脉，世代传。

善乃吉，美之巅。
善源悯，发于怜。
善须建，根基坚。
善须抱，不脱偏。

善者学，纳百川。
善者思，意高瞻。
善者修，德彰显。
善者行，品质端。

善其身，达则兼。
善其家，福寿全。
善之首，孝为先。
善之承，青出蓝。

善有根，枝叶繁。
善有果，与因连。
善有报，应相验。
善有恒，莫等闲。

善易说，行却难。
善为念，常自勉。
善恶分，守底线。
善不厌，施不倦。

善是尺，量长短。
善是峰，要登攀。
善是旗，德行展。
善是仁，爱无边。

善为义，亘无限。
善为礼，戾气敛。
善为智，明者贤。
善为信，人自安。

善若金，耐火炼。
善若木，雪中炭。
善若水，泽荒原。
善若土，万物蕃。

善如日，明宇寰。
善如月，影不单。
善如星，献璀璨。
善如辰，驱黑暗。

善亦歌，动心弦。
善亦曲，解忧烦。
善亦诗，韵山岚。
善亦画，绘长卷。

善似梅，雪中艳。
善似兰，幽香淡。
善似竹，节不弯。
善似菊，迎霜绽。

善是镜，忠奸辨。
善是史，兴衰鉴。

# 下篇

华夏善，始轩辕。
继承善，薪火延。

舜帝善，孝感天。
范蠡善，千金散。
孟母善，居三迁。
孔融善，幼知谦。

王祥善，求鲤鲜。
木兰善，女扮男。
刘宰善，粥相捐。
李五善，除疾患。

葛繁善，躬身践。
星周善，功德满。
雷锋善，爱心献。
裕禄善，公仆范。

夫妻善，兴家园。
兄弟善，力克艰。
妯娌善，情谊绵。
子孙善，金不换。

少年善，路平坦。
青年善，肩重担。
中年善，益肝胆。
老年善，寿延年。

睦邻善，三尺垣。
诫子善，大器焉。
垂训善，宗规严。
家风善，气象千。

人好善，祸其远。
劝行善，恶莫沾。
事事善，志五典。
日日善，贵自然。

做人善，立标杆。
做工善，质免检。
耕者善，广良田。
商者善，旺财源。

待物善，利节俭。
待人善，结良缘。
出语善，三冬暖。
言不善，六月寒。

积小善，汇成潭。
积大善，德如山。
积至善，恒不变。
积美善，余庆添。

为业善，人皆赞。
为民善，天地宽。
为公善，吏清廉。
为政善，盛世现。

人心善，风度翩。
举国善，天下欢。
中华善，坚如磐。
弘扬善，助梦圆。

# 后　记

善是中国传统文化的主脉络，是中华民族精神的重要标志。古人对善的表述浩如烟海，有光芒四射的千年佳句，有博大精深的专著论述，还有感人至深的人物典范和经典事例。这些厚重的文化积淀是中华文明的重要组成部分，在历史的长河中以其独特的魅力影响和激励着人们。在深受熏陶和启迪的同时，笔者总感觉缺少一种易咏易诵、如诗如歌、朗朗上口、易于传播的载体，为此查阅了大量文献资料、理论文章，编写了《中华善字经》，旨在弘扬善文化，传递正能量，为继承和发扬中国传统文化尽一份绵薄之力。

特别感谢中国书法家协会主席苏士澍先生为本书题写书名。著名文化学者、《百家讲坛》主讲人王立群先生，中国报告文学学会副会长、著名作家李春雷先生作序，为本书增色颇多。

在本书的编写过程中还得到石俊江、梁辰、李琦、郭虹、梁静、申宏兴、王继堂、崔芳等老师和朋友的大力支持和帮助，在此一并致谢。

由于水平有限，不足之处，敬请批评指正。

作　者

2017 年 10 月